KB215948

생선 아카데미
그리스도론 ❶

삼위일체 하나님과 메시아 예수

목 차

프롤로그

　생활 속 선교, 이것은 지난 2000여년간 기독교 공동체가 세상을 향해 꾸준히 던졌던 메시지입니다. 수많은 믿음의 선조들이 하나님을 아는 지식을 바탕으로 자신이 속한 가정과 일터에서 그 믿음을 지키는 삶을 살았습니다. 그들을 통해 가정이 바뀌고 일터 문화가 바뀌고 힘들었던 세상은 더 나은 세상으로 바뀌었습니다.

　하나님은 우리 인간의 모든 영역에 관심을 갖고 계십니다. 생활 선교사는 각자 생활의 영역에서 하나님 사랑, 이웃 사랑을 실천하며 선교적 삶을 살아가는 사람입니다. 생활 선교사가 되기 위해서는 훈련이 필요합니다. 삶의 모든 영역에서 선교사의 역할을 감당하려면 성부, 성자, 성령 하나님은 어떤 분이신지, 우리는 어디로부터 와서 어디로 가는지, 인간의 창조와 타락과 구원의 과정은 어떠한지 이러한 다양한 주제에 대해 정리가 되어 있어야 합니다. 세상은 계속해서 우리를 속이려 하기 때문에 우리는 더욱 배우기를 힘써야 합니다.

> 악한 사람들과 속이는 자들은 더욱 악하여져서 속이기도 하고 속기도 하나니 그러나 너는 배우고 확신한 일에 거하라 너는 네가 누구에게서 배운 것을 알며 또 어려서부터 성경을 알았나니 성경은 능히 너로 하여금 그리스도 예수 안에 있는 믿음으로 말미암아 구원에 이르는 지혜가 있게 하느니라 딤후 3:13~15

생활 선교사를 줄여서 생선이라 표현하고 이분들을 훈련하는 아카데미를 개설했습니다. 온라인 방송은 세계 각 지역의 한인 디아스포라에게 생선 아카데미를 전파할 수 있는 좋은 수단이 되었습니다. 미국, 일본, 중국, 홍콩, 미얀마, 인도, 태국 등 다양한 나라에서 다양한 삶의 환경에 있는 분들과 함께 소통할 수 있었습니다. 이러한 강의 내용을 다듬고 핵심을 정리하여 각각의 주제를 명확하게 이해할 수 있도록 소책자 형식으로 발간했습니다.

『삼위일체 하나님과 메시아 예수』는 생선 아카데미의 두 번째 주제인 "그리스도론"의 첫 강의입니다. 삼위일체 하나님을 바르게 이해할 때 인간의 몸으로 오신 예수 그리스도의 사랑과 은혜를 깨달을 수 있습니다. 우리를 위해 십자가에 못 박혀 돌아가신 예수님을 메시아로 고백하여 함께 시대적 어둠을 뚫고 영적 전쟁에서 승리합시다.

생선 아카데미에 발을 들이신 독자 여러분 모두가 성경을 배우고 구원에 이르는 지혜를 깨달아 생활 선교사로서 각자 삶의 영역에서 복음을 전파하시길 소망합니다.

박진석 목사

1. 하나님의 권능, 지혜, 성품의 도움을 받아 세상 권세를 이긴다.

2. 생활 선교사로서 온전한 사랑과 믿음과 지식을 구비한다.

3. 배우고 깨달은 바를 적용하고 실천해서 삶의 실제적인 열매를
   맺는다.

1장 삼위일체 하나님의 창조와 예수의 구속사

그리스도론의 바른 성경적 접근

사도행전 13장에서는 예수 믿는 사람을 가리켜 "그리스도인"이라고 지칭했습니다. 사도행전 시대에 그리스도인은 세상으로부터 칭찬받는 표현의 의미입니다. 여기서 그리스도인은 그리스도와 동행하는 사람, 즉 그리스도의 통치를 받는 사람을 말합니다. 그들은 예수 그리스도를 믿는 사람들이었고 그리스도의 통치를 받았으며 예수 그리스도가 어떤 분인지를 알았던 사람들이었습니다.

　"성경이 말하는 예수 그리스도는 누구신가?" 그리스도론은 신학에서 중요한 주제이며, 성경의 핵심 주제입니다. 성경이 처음부터 끝까지 계시하고 있는 구원자는 인류를 위하여 일찍 유월절 어린양으로 속죄의 희생양이 되신 주 예수 그리스도를 가리키고 있습니다. 성경은 창세기부터 요한계시록까지 약 1,600년에 걸쳐 여러 하나님의 종들을 통해 메시아 예수 그리스도에 대하여 진술하고 있습니다. 성경을 주신 목적은 예수 그리스도를 통한 하나님의 구원 계시를 알려주시기 위함입니다.

　흔히 세상 사람들 혹은 피상적인 그리스도인들은 구약 성경의 하나님과 신약 성경의 예수를 따로 이해합니다. 구약 성경의 여호와 하나님은 이스라엘이 믿는 하나님이며, 신약 성경의 예수 그리스도를 통해서 하나님을 믿게 된 그리스도인은 다른 하나님을 믿는다는 오해를 낳고 있습니다. 그러나 구약과 신약은 삼위일체, 즉 성부 하나님, 성자 하나님, 성령 하나님의 동일한 연속성과 통일성, 성경 전체의 구원에 대한 점진적인 성격을 드러내고 있습니다. 다만 성경은 다른 언어와 문화, 배경, 역사 등을 통하여 하나님의 뜻, 하나님의 구원을 나타내는 책이기 때문에 상황과 시대에 따라 언어의 뜻과 문장의 의미가 조금씩 다르게 이해될 뿐입니다.

성경은 모든 사람에게 드러나는 것과 동시에 의도적으로 감추려는 은밀하고 위대한 하나님 나라의 복음을 담고 있습니다. 여러 가지 비유와 이야기를 통해 예수 복음의 깊은 신비를 의도적으로 숨겨두신 것입니다. 목마른 사슴처럼 간절히 찾고 구하는 자들에게 지혜와 계시의 성령을 부으셔서 알려주시기 위함입니다. 이처럼 복음은 모든 사람에게 열려 있지만 간절히 은혜를 구하는 자들은 복음의 밝은 빛을 점점 더 깨닫게 됩니다.

예수 그리스도는 유월절 어린양으로 온 세상의 죄와 개인의 모든 죄를 위해 십자가를 지신 구원자라는 사실과 그리스도를 통해 하늘과 땅이 통일되는 새 창조가 이루어질 것임을 깨닫게 됩니다.

예수 그리스도가 누구인지 깨닫기 위해서는 예수님이 구약과 신약에 동일하게 계시하고 있는 삼위일체 하나님에 대하여 먼저 살펴보아야 합니다. 삼위일체 하나님은 창조부터 지금까지 그 통일성 안에서 일하셨습니다. 그렇기 때문에 삼위일체 하나님을 각각 분리해서 생각하는 것은 옳지 않습니다.

구속사의 중심, 그리스도론

태초에 하나님이 천지(the heavens and the earth)를 창조하시니라 창세기 1:1

창세기 1장 1절의 "천지"의 "천"은 히브리어 원문으로는 복수형이고 "하늘들"을 의미합니다. 하늘들은 그냥 눈에 보이는 하늘의 의미를 넘어 영적인 차원, 권위와 권세의 자리라고 이해할 수 있습니다. 모든 권위는 가장 높은 하늘에 계신 아버지 하나님에게서 주어집니다. 같은 의미에서 재림 시에 예수님이 온 세상의 왕으로 가장 높은 하늘의 권세를 가지고 오신다고 반복해서 약속하십니다. 심판의 주로 오셔서 만왕의 왕으로 친히 다스리시는 나라를 (메시아 왕국) 온전히 회복하실 것입니다. 이에 대한 예고편이 창세기에서 나타난 노아의 홍수 사건입니다. 홍수 심판 시에 모든 높은 산들까지 잠기고 그 위에 구원의 방주가 세워진 것처럼 정한 때가 되면 하나님의 말씀대로 온 세상에 구원과 심판이 이루어질 것입니다. 창세기의 기록은 천지를 창조하는 사건이 성부 하나님만의 사건이 아니라 성자 예수님과 성령 하나님께서 함께 이루신 창조 사건임을 드러내고 있습니다. 또한 창세기에서 장차 예수 그리스도를 통한 삼위일체 하나님의 구원 계획의 큰 그림도 알려주고 있습니다.

그런즉 누구든지 그리스도 안에 있으면 새로운 피조
물이라 이전 것은 지나갔으니 보라 새 것이 되었도다

고린도후서 5:17

  새로운 창조와 구원은 오직 예수 그리스도 안에
서 이루어지는 역사입니다. 성도는 비록 죄와 사망
의 권세 아래 탄식하는 옛 창조에 속한 세상을 살
고 있지만 새 창조의 세상에 대한 산 소망을 품고
사는 존재입니다. 때로 성도들이 세상에서 잠시 고
난을 받는 것처럼 보일 수 있지만 현재의 고난은
장차 믿음을 지키고 충성한 성도들에게 나타날 영
광과 족히 비교할 수 없습니다. 물론 성도들도 이
세상에서 필요한 것이 많습니다. 그러나 조금만 깊
이 생각해보면 우리에게 꼭 필요한 것들은 몇 가지
안 됩니다. 예수 그리스도를 믿는 믿음과 소망 안
에서 자족하는 법을 배울 때 영혼의 참 풍요와 평
안을 누릴 수 있습니다. 이 세상에서 우리가 바라
는 육신적인 필요들은 장차 하나님께서 주시고자

삼위일체 하나님과 메시아 예수 / 그리스도론 1

하는 영원한 상급에 비교할 수 없는 것들입니다.

　바울은 자신에게 유익하다고 생각되었던 이 땅의 모든 것들이 영원한 영광과 비교해 볼 때 배설물과 같다고 표현을 했습니다. 신앙 초기에는 육신의 정욕적인 소원이 좀 있어도 하나님께서 속는 셈 치고 응답해 주시기도 합니다. 그러나 신앙 성장의 어느 단계에 이르렀을 때는 응답하시지 않을 때가 있습니다. 신앙의 초기에는 세상적으로 필요한 축복과 형통을 응답해 주시기도 하십니다. 그러나 어느 단계를 넘어서게 되면 하나님의 뜻과 소원을 먼저 구하도록 연단하시며 응답을 유보하시기도 합니다. 이때 많은 성도들이 지혜로우신 아버지의 자녀 양육법을 바르게 깨닫지 못해서 방황하거나 낙심하기도 합니다.

　태초에 하나님은 삼위일체 엘로힘 하나님으로 함께 동역하면서 창조하셨습니다. 이스라엘 백성들은 엘로힘 하나님이 유일하신 하나님이지만 삼위일체 하나님이 그 이름 안에 존재하고 있음을 명확하게 알지 못했습니다. 그러나 우리는 지난 2천 년의 시간 속에 예수 그리스도를 통한 구원의 경륜이 점점 더 입체적으로 나타남을 보았습니다. 또한 믿음의 선진들의 노력 덕분에 이 신비를 깨달을 수 있게 되었습니다.

> 하나님이 이르시되 우리의 형상을 따라 우리의 모양대로 우리가 사람을 만들고 그들로 바다의 물고기와 하늘의 새와 가축과 온 땅과 땅에 기는 모든 것을 다스리게 하자 하시고 창세기 1:26

하나님은 우리의 형상을 따라 우리의 모양대로 사람을 지으셨습니다. 사람을 삼위일체 하나님의 형상을 따라 그 모양대로 창조하셨다는 말입니다. 사람을 깊이 들여다보면 죄로 인해 하나님의 형상이 많이 파괴되었음에도 하나님을 닮도록 창조하신 것을 발견할 수 있습니다. 성경에는 하나님을 칭하는 여러가지 표현이 나오는데 창세기 1장을 지나 2장 4절부터 하나님의 명칭으로 여호와라는 표현이 등장합니다. 히브리어 원어는 엘로힘 여호와입니다. 전능하신 창조주 삼위일체 하나님이 구원자임을 나타낸 이름입니다.

구약 성경에는 여호와 하나님이라는 표현이 반복하여 나옵니다. 이스라엘 사람들은 여호와의 이름에 대한 경외의 마음을 담아 보통은 읽지 않고 묵음으로 처리하기도 했습니다. 헬라어로 구약 성경을 번역한 70인 역은 여호와를 "Lord"라는 의미의 "아도나이", 주라고 사용하기도 했습니다. 여호와 하나님을 번역하여 "The Lord God", 즉 "주 하나님"으로 사용하기도 했습니다. 뉘앙스가 조금씩 다를 뿐 모두 죄인들을 구원하시는 하나님에 대한 이름입니다. 창세기 2장 4절 이하에 비로소 엘로힘을 여호와로 밝히고 있는 것은 삼위일체 하나님 중에서 구원의 역사를 이루어 가시는 하나님의 역사를 드러내려고 하신 것임을 알 수 있습니다.

내가 너로 여자와 원수가 되게 하고 네 후손도 여자의
후손과 원수가 되게 하리니 여자의 후손은 네 머리를
상하게 할 것이요 너는 그의 발꿈치를 상하게 할 것이
니라 하시고 창세기 3:15

드디어 옛 뱀, 사탄의 죄와 사망의 권세자의 머
리를 짓밟으실 여자의 후손이 등장합니다. 왜 여자
의 후손입니까? 모든 사람은 엄밀하게 말한다면 남
자의 씨앗으로 태어나니 남자의 후손이지 않습니
까? 예수님이 썩지 아니하시는 하나님 언약의 말씀
의 씨로 태어나셨기 때문에 여자의 후손이라 칭한
것입니다. 이 여자는 이사야 7장 14절에서 말씀으
로 약속하신 독생자를 성령으로 잉태하여 낳게 될
처녀라고 알려줍니다. 정한 때가 되어 처녀 마리아
의 몸에서 전능하신 하나님의 영으로 임마누엘이
라 불리는 한 아기가 태어납니다.

창세기 3장 21절에는 죄를 범한 아담과 하와가
수치를 겪어 하나님을 피하여 숨어버리는 장면이

나옵니다. 구원하시는 하나님께서는 아담과 하와의 죄와 허물의 부끄러움을 덮기 위한 가죽옷을 입히시는 구원의 계시를 보여주시기도 하십니다. 이 가죽옷은 우리 죄를 대신 속죄하기 위하여 유월절 희생양으로 죽으신 주 예수 그리스도의 옷입니다. 신앙생활은 죄의 값으로 사망에게 내어준 육체의 정욕을 따라 사는 것이 아니라 주 예수 그리스도를 옷 입고 사는 것입니다. 이처럼 하나님께서는 하나님의 구원 계시를 창세기부터 성경 전체에 여러 부분 여러 모양으로 모두 계시하여 주셨습니다. 그리스도의 신부로 부름 받은 성도들은 지혜와 계시의 성령을 통해 마음의 눈을 밝혀 성경이 계시하는 주님의 사랑을 알아가야 합니다.

핵심과 나눔(Key points & Sharing points)

K1. 그리스도인의 의미는 무엇입니까?

_____

_____

_____

K2. 예수님을 여자의 후손이라고 칭한 이유는 무엇입니까?

_____

_____

_____

S1. 일상의 삶에서 그리스도의 통치를 받고 있는지 나눠봅시다.

_____

_____

_____

S2. 예수 그리스도가 나의 죄를 속죄하기 위해 십자가에서 희생양

　　이 되셨다는 사실을 믿습니까?

_____

_____

_____

_____

_____

_____

2장 성경이 말하는 삼위일체

구약 성경 속 삼위일체의 신비

구약 성경에는 하나님의 이름인 여호와가 반복하여 등장합니다. 히브리어 원문을 분석해보면 그 속에 놀랍게도 "손 보라! 못 보라!"라는 뜻이 숨어 있습니다. 구약 성경에서는 예수님에 대해서 의도적으로 감추어 두셨습니다. 삼위일체 하나님 중 이 땅에 사람으로 오셔서 대신 희생제물이 되실 예수님을 때가 찰 때까지 숨겨두신 겁니다. 때가 차매

옛 언약(구약)의 말씀이신 성자 예수님이 약속대로
사람의 육신으로 오십니다.

> 말씀이 육신이 되어 우리 가운데 거하시매 우리가 그
> 의 영광을 보니 아버지의 독생자의 영광이요 은혜와
> 진리가 충만하더라 요한복음 1:14

말씀이 육신이 되어 예수님이 세상에 오셔야만
했던 이유는 옛 언약의 율법이 모든 죄인 된 사람
들을 정죄함으로 사형선고를 내리는 법이 되고 말
았기 때문입니다. 즉 사람들에게 죄짓지 말고 구
원을 받으라고 주신 율법이 모든 사람들을 정죄하
는 죄와 사망의 법이 되고 만 것입니다. 그래서 옛
언약, 즉 율법의 말씀 자체이신 예수님이 육신으
로 오신 겁니다. 자기 육신을 하나님 아버지와 화
목케 하는 희생제물로 십자가에서 죽으신 것입니
다. 예수 그리스도가 십자가에서 죽으심으로 하나
님 아버지와 아버지의 원수된 죄인 사이에 화목의

길이 열렸습니다. 옛 언약, 즉 율법의 말씀이신 예수님이 자기 육체를 십자가에서 깨뜨려 새 언약, 즉 복음의 말씀이 되게 하신 것입니다. 그래서 누구든지 예수를 믿으면 의로우신 재판장이신 하나님 아버지께 정죄를 당하지 않고 죄 사함을 받아 성령을 통해 영원한 부활 생명에 참여할 수 있게 되었습니다.

> 그러므로 이제 그리스도 예수 안에 있는 자에게는 결코 정죄함이 없나니 이는 그리스도 예수 안에 있는 생명의 성령의 법이 죄와 사망의 법에서 너를 해방하였음이라 로마서 8:1-2

죄인들에게 저주의 법이 되고만 옛 약속이 예수 그리스도의 십자가 희생과 부활을 믿는 자들에게 복된 소식(Good News)이 되었습니다. 그래서 예수님이 십자가에 죽으시고 부활하신 이후부터 심판의 주로 다시 오실 때까지는 구원의 은혜를 누리는

시기입니다. 십자가에 기꺼이 자신을 드리심으로 우리 죄를 사하시고 영원한 부활 생명을 선물로 주셨습니다. 이런 주님의 사랑을 깨닫게 되면 믿음의 여정에서 겪게 되는 어떤 시험들도 넉넉히 이길 수 있습니다. 그 사랑에 대한 감격과 기쁨이 온통 우리 마음을 사로잡기 때문입니다. 로마서 8장을 기록할 때 사도 바울의 심정이 이러했을 것입니다.

어떤 분들은 구약 시대는 성부 하나님의 시대, 신약 시대는 성자 하나님이신 예수님의 시대, 오순절 성령 강림 이후에는 성령 하나님의 시대로 구분하여 설명하기도 합니다. 그러나 이는 다분히 성도들의 이해를 돕기 위해 편의상 구분을 한 것입니다. 삼위일체 하나님은 항상 초월적이면서 이 세상에 내재하심으로 구원의 역사를 이루시는 분입니다. 우리가 예수 그리스도를 통한 구원의 진리, 새 창조의 진리를 믿고 점점 깨닫는 것과 주의 뜻에 순종하는 믿음은 신자의 가장 큰 축복입니다.

구약 성경에 나타난 삼위일체 하나님에 대한 몇

가지 예를 들어보겠습니다.

> 이는 한 아기가 우리에게 났고 한 아들을 우리에게 주
> 신 바 되었는데 그의 어깨에는 정사를 메었고 그의 이
> 름은 기묘자라, 모사라, 전능하신 하나님이라, 영존하
> 시는 아버지라, 평강의 왕이라 할 것임이라 이사야 9:6

한 아기가 우리에게 났고 한 아들을 우리에게 주
셨다고 했습니다. 이 한 아기, 한 아들은 장차 사
람으로 오실 예수님을 예언한 것입니다. 그런데 이
한 아기로 오실 분이 다스리는 권세를 가지신 분이
요, 전능하신 하나님, 영존하시는 아버지라고 합니
다. 또 그 이름이 기묘자, 모사, 죄로 고통하는 이
세상에 참된 평강을 주실 평강의 왕이라고 합니다.

그러나 예수님의 고난을 예언한 이사야서 53장
10절 이하를 보면 "여호와께서 그에게 상함을 받
게 하시기를 원하사 질고를 당하게 하셨다"라든지
또 "그의 손으로 여호와께서 기뻐하시는 뜻을 성취

하시리로다" 등의 부분들을 볼 때는 여호와가 성부 하나님으로 이해되기도 합니다. 여호와에 대한 표현은 그 주체가 혼란스러울 수 있으나 여호와 하나님은 삼위일체 하나님으로 이해하면 됩니다.

또 스가랴 14장 3절부터 17절까지를 보면 주님이 재림할 때 여호와의 발이 예루살렘 동쪽 감람산에 서실 것이라는 예언이 있습니다. 여호와께서 나가사 이방 나라들을 치신다고 기록합니다. 이때 여호와는 재림 시의 성자 예수님을 말한다고 볼 수 있습니다. 다시 오실 우리 예수님은 대적하는 적그리스도의 세력들을 진멸하시고 온 천하의 왕이 되실 것이라고 합니다.

> 그 날에 그의 발이 예루살렘 앞 곧 동쪽 감람산에 서실 것이요 감람산은 그 한 가운데가 동서로 갈라져 매우 큰 골짜기가 되어서 산 절반은 북으로, 절반은 남으로 옮기고 그 산 골짜기는 아셀까지 이를지라 너희가 그 산 골짜기로 도망하되 유다 왕 웃시야 때에 지

진을 피하여 도망하던 것 같이 하리라 나의 하나님 여호와께서 임하실 것이요 모든 거룩한 자들이 주와 함께 하리라 스가랴 14:3-4

복음서에서 예수는 분명히 나를 본 자는 아버지를 본 것이라고 증거하고 있습니다.

예수께서 이르시되 빌립아 내가 이렇게 오래 너희와 함께 있으되 네가 나를 알지 못하느냐 나를 본 자는 아버지를 보았거늘 어찌하여 아버지를 보이라 하느냐 요한복음 14:9

이와 같이 구약과 신약 성경에서 삼위일체 하나님이 함께 일하신 것을 확인할 수 있습니다. 언어와 표현은 조금 다를 수 있지만 구약과 신약의 하나님은 동일한 사랑의 하나님, 구원의 하나님이십니다. 육신의 생각을 따라 세상 지식으로 성경을 보는 자는 특별히 여호수아서에 등장하는 진멸하시는 하나님을 보며 오해하기도 합니다. 하나님을 마치 항상 진노하고 폭력적이고 잔인한 전쟁광에 폭군처럼 생각하기도 합니다. 사실 이것은 하나님의 불타는 사랑에서 나오는 분노입니다. 모든 사람들을 사망으로 끌고 가는 사탄의 세력들을 진멸하시려는 것입니다. 가장 자비하시고 인자하신 사랑의 하나님은 육체를 따라 사는 사람들의 많은 오해와 비난도 묵묵히 참으시고 인류 구원의 역사를 쉬지 않고 이루어 가십니다.

신약 성경 속 삼위일체의 신비

신약에는 하나님의 구원의 경륜이 점점 더 많이 나타납니다. 바울은 고린도전서 13장에서 원수된 자녀들을 포기할 수 없는 사랑의 하나님을 알려줍니다. 또 초대 교회 당시 가장 마지막까지 생존했던 사도 요한은 많은 혼란과 고난 속에서 가장 권위 있고 압축적인 표현으로 하나님에 대해 정의합니다. "하나님은 사랑이시라."

예수를 믿어 하나님의 자녀가 되었음에도 많은 성도들이 하나님에 대한 오해로 하나님과 화목한 동행을 하지 못하기도 합니다. 그 이유는 삼위일체 하나님에 대한 바른 성경적 지식과 이해가 없기 때문입니다. 하나님은 죄인된 우리들을 구원하시고자 포기할 수 없는 사랑으로 역사하시고 나의 소원과 뜻을 성취하기 위해 돕는 은혜를 베풀어 주십니다. 하나님에 대한 종교적 환상을 깨고 성경적인 바른 이해를 갖도록 하는 것이 필요합니다. 그리할 때 우리의 믿음은 쉽게 흔들리지 않고 십자가에 온전히 나타난 사랑에 감격하여 주님과 화목한 동행을 할 수 있게 되는 것입니다.

예수께서 세례를 받으시고 곧 물에서 올라오실새 하늘이 열리고 하나님의 성령이 비둘기 같이 내려 자기 위에 임하심을 보시더니 하늘로부터 소리가 있어 말

쏨하시되 이는 내 사랑하는 아들이요 내 기뻐하는 자
라 하시니 마태복음 3:16-17

마태복음 3장 13절부터 17절 이하에는 예수께서
세례 요한에게 세례를 받는 장면이 기록되어 있습니
다. 예수님은 요한에게 이 세례가 하나님 아버지의
뜻을 이루는 것에 필요하다고 하셨습니다. 그리고
비둘기같이 예수님 위에 성령의 기름이 부어집니다.
또한 가장 높은 하늘이 열리면서 "이는 내 사랑하는
아들이요, 내 기뻐하는 자라"는 하늘에 계신 아버지
의 음성이 들립니다. 성자 예수님이 세례 요한에게
요단강에서 세례를 받는 이 사건은 성부, 성자, 성
령 삼위일체 하나님이 함께 동역하는 것을 잘 드러
내는 성경 최고의 장면으로 이해할 수 있습니다.

그는 근본 하나님의 본체시나 하나님과 동등 됨을 취
할 것으로 여기지 아니하시고 오히려 자기를 비워 종
의 형체를 가지사 사람들과 같이 되셨고 사람의 모양

으로 나타나사 자기를 낮추시고 죽기까지 복종하셨으니 곧 십자가에 죽으심이라 이러므로 하나님이 그를 지극히 높여 모든 이름 위에 뛰어난 이름을 주사 하늘에 있는 자들과 땅에 있는 자들과 땅 아래에 있는 자들로 모든 무릎을 예수의 이름에 꿇게 하시고 모든 입으로 예수 그리스도를 주라 시인하여 하나님 아버지께 영광을 돌리게 하셨느니라 빌립보서 2:6~11

빌립보서는 예수님이 하나님 아버지와 본질상 동일한 위격의 성자 하나님이라고 계시합니다. 그분은 하나님 형상의 본체지만 자기를 비워 종의 형체를 취해 완전한 사람이 되어 십자가에 죽기까지 하나님 아버지의 뜻에 복종하셨습니다. 사람이 되신 성자 예수님은 성령의 능력으로 메시아 사역을 감당하시고 십자가에서 속죄의 희생제물로 죽으시고 부활하신 것입니다. 성부 하나님께서 성령 하나님의 역사로 성자 예수님을 사망에서 끌어올리셔서 가장 높은 하늘의 하나님 아버지의 보좌 우편에

앉게 하십니다. 그리하여 모든 만물이 그 앞에 무릎을 꿇게 하시어 하나님께 영광을 돌리게 하셨습니다. 결과적으로 이 모든 일은 삼위일체 하나님이 함께 동역하신 구원과 새 창조의 역사입니다.

신약 시대 때 예수를 믿은 소수의 이스라엘 사람들과 다수의 이방인 신자들이 있었습니다. 우리는 이들을 초대 교회 성도들이라 부릅니다. 이 사람들은 당시의 로마 제국의 통치 아래에서 예수를 믿었던 자들로서 주후 313년 콘스탄틴 황제의 밀라노 칙령*이 발표되기 전까지 큰 고난과 핍박을 견뎌낸 자들입니다. 그들은 성령의 능력으로 악한 영의 궤계와 핍박을 이겨낼 수 있었고, 지중해를 넘어 유럽과 전 세계에 복음을 확산시켰습니다. 물론

---

* 밀라노 칙령 : 313년 2월 로마제국의 공동 황제인 콘스탄티누스 1세(Constantinus I, 280?~337)와 리키니우스(Licinius, 270?~325)가 메디오라눔(Mediolanum, 지금의 Milano)에서 공동으로 발표한 칙령이다. 모든 사람들에게 그리스도교를 포함해 자신이 원하는 종교를 따를 수 있는 자유를 보장하여, 로마제국에서 그리스도교가 보호되고 장려되는 계기가 되었다. (두산백과사전)

이들 중 어떤 사람들은 유혹과 핍박의 시험을 이기지 못하고 변질되거나 믿음에서 떠나기도 했을 것입니다.

이처럼 초기 3세기까지는 지하 무덤 카타콤에서 로마의 핍박을 피해 예수를 믿었습니다. 기독교 공인 이전의 신앙은 생존의 치열한 전투 속에 진행되었기 때문에 삼위일체 하나님에 대한 올바른 인식을 갖기가 어려웠습니다. 따라서 당시에는 삼위일체 하나님에 대한 여러 가지 혼란들이 있었고 이를 해결하기 위해 주후 4세기부터 5세기에 걸쳐 니케아 공의회, 콘스탄티노플 공의회, 에베소 공의회, 칼케돈 공의회 등에서 삼위일체 하나님에 대한 바른 이해가 정립됩니다. 또한 예수 그리스도는 완전한 하나님이시고 완전한 사람이신 구원자라는 것을 정통적인 교리로 확정하는 일이 일어나기도 했습니다.

핵심과 나눔(Key points & Sharing points)

K1. 예수님이 인간의 몸으로 이 세상에 오신 이유는 무엇입니까?

_____

_____

K2. 사도 요한이 하나님에 대해 정의한 권위 있고 압축적인 표현은 무
    엇입니까?

_____

_____

S1. 주님의 사랑을 깨달은 후 믿음의 여정에서 겪게 된 시험은 어떤
    것이 있었습니까?

_____

_____

S2. 성경을 읽으면서 느끼게 된 하나님의 이미지에 대해 나눠 봅시다.

_____

_____

_____

_____

3
장

삼위일체 하나님의 새 창조

에덴동산에서 새 예루살렘까지

창세기 2장에서 하나님은 사람을 만드시고 에덴동산에 두셨습니다. 사람은 죄를 짓기 전에는 영생하는 존재였습니다. 아담과 하와가 타락하고 쫓겨난 시점을 보면 대략 주전 4,114년으로 추정하고 이는 창세기에 나오는 족장들의 계보를 역추적한 추정 결과입니다. 타락한 아담과 하와는 영원과 영생의 삶에서 쫓겨나 유한하고 제한적인 환경의 삶에 들어가게 됩니다. 타락한 이후 가인과 아벨 사건, 노아의 홍수 사건, 아브라함, 모세, 다윗, 솔로몬 시대를 거쳐 후에는 신약의 시대에 돌입하게 됩니다. 크게 율법 이전 시대, 율법의 시대, 복음의 시대로 구분할 수 있습니다.

솔로몬 시대에 건축된 성전은 신약으로 넘어와 주님의 예언대로 주후 70년에 무너지게 됩니다. 말씀이 육신이 되어 오신 예수님의 육신이 하나님의 영을 모신 진짜 성전이었기 때문입니다. 이는 장차 영원한 부활 성전으로 주님이 이 땅에 다시 오실 때 강도의 소굴이 된 제3성전이 무너질 것에 대한 그림자라고 할 수 있습니다. 흠없는 온전한 성전이신 예수님이 강도의 소굴이 된 예루살렘 성전을 정결케 하고 그 성전의 지도자들을 심하게 책망했기에 십자가에 못 박혀 죽으신 것입니다. 이것은 예수님이 무능해서가 아니고 자신의 겉사람인 육체를 죄와 사망 권세를 움켜쥔 사탄에게 세상 죄를 대속하기 위한 값으로 내어주시기 위함입니다. 그러나 말씀의 약속대로 예수님은 십자가에 죽으신지 삼일 만에 전능하신 하나님의 능력으로 부활하여 영원한 부활 영광의 성전이 되십니다. 다시 무너지는 성전이 아니라 영원히 무너지지 않는 부활 영광 성전이 되신 것입니다. 사도 요한은 죄와 사망이 없는 영원한 하나님 나라의 새 예루살렘 성에서 속죄의 희생양으로 죽으시고 부활하신 예수님이 성전이심을 밝히 알려주셨습니다. 이를 통해 믿음을 지킨 성도들이 예수님처럼 부활하게 되는 이유가 하나님의 영이 거하시는 영원한 성전으로 삼위일체 하나님과 교통하기 위함임을 알 수 있습니다.

성 안에서 내가 성전을 보지 못하였으니 이는 주 하나님 곧 전능하신 이와 및 어린 양이 그 성전이심이라
요한계시록 21장 22절

바울은 창세기의 창조 사건부터 구속 역사의 완성의 주인공이 삼위일체 하나님, 특별히 성자 예수님인 것을 확실하게 증언하고 있습니다. 죄 아래에 처한 옛 세상의 창조와 종말의 심판, 죄가 없는 새 세상을 창조함에 있어 예수 그리스도가 주인공이신 것을 밝히 계시하고 있습니다.

그는 보이지 아니하는 하나님의 형상이시요 모든 피조물보다 먼저 나신이시니 만물이 그에게서 창조되되 하늘과 땅에서 보이는 것들과 보이지 않는 것들과 혹은 왕권들이나 주권들이나 통치자들이나 권세들이나 만물이 다 그로 말미암고 그를 위하여 창조되었고 또한 그가 만물보다 먼저 계시고 만물이 그 안에 함께 섰느니라 그는 몸인 교회의 머리시라 그가 근본이시요 죽은 자들 가운데서 먼저 나신 이시니 이는 친히 만물의 으뜸이 되려 하심이요 골로새서 1:15~18

특히 골로새서 1장은 예수님께서 창조주이시며 하나님의 형상이고 만물의 으뜸이 되시며 모든 것을 주관하고 계시는 분임을 잘 설명하고 있습니다. 그래서 예수님은 성경대로 삼위일체 하나님 중에서 하나의 위격을 가지신, 죄인들과 죄로 고통하는 세상을 능히 사망 권세에서 구원하실 수 있는 전능하신 구세주이심을 알 수 있습니다.

하나님께서는 먼저 이스라엘을 하나님과 언약을 맺은 백성으로 삼으셨습니다. 이들의 역할은 회개하는 자에게 죄를 사해주시기 원하시는 하나님의 뜻을 열방에 전하는 것입니다. 하지만 주신 역할을 잘 감당하지 못하고 불순종하고 말았습니다. 그 결과는 하나님과 언약을 맺은 대로 열방의 모든 나라들에 흩어져 큰 고난을 겪게 됩니다. 성경에서 약속한 대로 일어난 일입니다. 만약 그들이 하나님의 말씀에 순종함으로 의의 열매를 맺었다면 그들은 열방 모든 민족의 머리가 되었을 것입니다. 말씀에 순종했을 때 제사장 나라 이스라엘이 열방 가운데 어떤 복과 영광을 누렸는지는 다윗과 솔로몬이 왕으로 다스릴 때를 보면 알 수 있습니다. 이스라엘 유대인들에게만 이 원리가 적용되는 것이 아니라 아브라함의 약속과 복에 믿음으로 접붙여진 이방인 성도들도 말씀에 순종할 때 동일한 축복의 원리가 적용됩니다.

> 악을 행하는 각 사람의 영에는 환난과 곤고가 있으리니 먼저는 유대인에게요 그리고 헬라인에게며 선을 행하는 각 사람에게는 영광과 존귀와 평강이 있으리니 먼저는 유대인에게요 그리고 헬라인에게라
>
> 로마서 2:9-10

그러나 이스라엘은 다윗과 솔로몬 왕 이후 점점 탐심의 우상숭배로 인해 결국 모든 사람들, 즉 이스라엘이든지 이방인이든지 다 하나님의 말씀 앞에 죄인임을 입증하는 통로가 됩니다. 그래서 예수님이 약속대로 아브라함의 후손인 이스라엘의

혈통으로 오셔서 죄를 사하시고 영원한 생명의 길을 열어주시는 생수의 근원으로 오셔야만 했던 것입니다. 그런데 놀라운 사실은 하나님의 말씀에 불순종함으로 열방의 모든 민족들에 흩어져서 고난 받았던 이스라엘 민족이 1948년에 가나안 땅에 나라를 세우기에 이릅니다. 그리고 현재 가나안 땅과 열방에 흩어져 거주하는 이스라엘은 모든 부분에서 전 세계에 막강한 영향력을 발휘하는 민족으로 다시 등장하게 되었습니다. 이것은 마지막 대 추수 때 야곱 족속 이스라엘의 남은 자들을 구원하여 알곡 영혼들을 추수할 것이라는 하나님의 약속을 성취하기 위한 사건입니다.

여호와께서 아브람에게 이르시되 너는 너의 고향과 친척과 아버지의 집을 떠나 내가 네게 보여 줄 땅으로 가라 내가 너로 큰 민족을 이루고 네게 복을 주어 네 이름을 창대하게 하리니 너는 복이 될지라 너를 축복하는 자에게는 내가 복을 내리고 너를 저주하는 자에

게는 내가 저주하리니 땅의 모든 족속이 너로 말미암아 복을 얻을 것이라 하신지라 창세기 12:1~3

창세기 12장에서 드러난 아브라함에게 주신 복의 근원이 되라는 사명은 신약에서 예수를 믿는 우리 이방인 성도들에게 복음 전파의 사명으로 연결됩니다. 이방인들이 예수 그리스도를 믿음으로 아브라함의 복에 참여하게 되었습니다. 아브라함의 복은 하나님을 믿음으로 죄사함을 받고 의롭다고 인정함을 받아 천국 백성이 되는 복입니다. 그러나 스가랴서 13장 8-9절, 마태복음 23장 39절, 누가복음 13장 35절 등은 예수님이 약속대로 재림하실 때 이스라엘이 열방에 포위되는 극한의 환란 속에서 그들이 수천 년을 기다리고 기다렸던 메시아가 바로 예수님이라는 걸 알고 회개하게 될 것이라고 했습니다.

그러므로 만물이 그를 위하고 또한 그로 말미암은 이가 많은 아들들을 이끌어 영광에 들어가게 하시는 일에 그들의 구원의 창시자를 고난을 통하여 온전하게 하심이 합당하도다 히브리서 2:10

예수님은 영원한 생명을 주시는 생명나무가 되십니다. 요한복음 15장은 이 생명나무이신 예수님을 참 포도나무로 비유했습니다. 예수님을 구원자로 믿는 것은 참 포도나무, 생명나무에 가지로 접붙여지는 것을 말합니다. 평안할 때나 고난과 시험이 있을 때에도 생명나무이신 예수 그리스도께 가지처럼 믿음으로 늘 붙어 있어 말씀에 순종하면 좋은 열매를 맺게 될 것입니다.

농부이신 하나님이 우리 믿음을 통하여 맺기 원하시는 궁극적인 열매는 부활의 열매입니다. 성도는 말씀과 성령의 능력으로 주님의 성품과 삶을 닮아가는 생명나무에 접붙여진 가지로 풍성한 성령의 열매를 맺어가야 하겠습니다.

오직 성령의 열매는 사랑과 희락과 화평과 오래 참음

과 자비와 양선과 충성과 온유와 절제니 이 같은 것을

금지할 법이 없느니라 갈라디아서 5:22-2

핵심과 나눔(Key points & Sharing points)

K1. 믿음을 지킨 성도들이 예수님처럼 부활하게 되는 이유는 무엇입
    니까?

_____

_____

K2. 죄 아래에 처한 옛 세상을 죄가 없는 새 세상으로 창조하기 위한
    삼위일체 하나님의 계획에서 그 역할의 주인공은 누구입니까?

_____

_____

S1. 말씀에 순종했을 때 누리게 된 복이 있다면 나눠 봅시다. 혹은
    말씀은 순종하지 못했을 때 겪은 시험이 있다면 나눠 봅시다.

_____

_____

S2. 예수님께 꼭 붙어 있고자 어떤 노력을 하고 있는지 나눠 봅시다.

_____

_____

_____

_____

생선 아카데미 / 그리스도론 ❶
삼위일체 하나님과 메시아 예수

2024년 8월 15일 초판 발행

지 은 이 | 박진석

펴 낸 이 | 김수홍
편   집 | 정원희 김설향
디 자 인 | 사라박
펴 낸 곳 | 도서출판 하영인
등   록 | 제504-2023-000008호
주   소 | 포항시 북구 대신로33, 601호
전   화 | 054) 270-1018
블 로 그 | https://blog.naver.com/navhayoungin
이 메 일 | hayoungin814@gmail.com
인스타그램 | https://www.instagram.com/hayoungin7

ISBN 979-11-92254-16-6 (03230)

값 4,900원

＊ 도서출판 하영인은 복음이 전해지지 않은 곳에 신앙에 유익한 도서를
  보급하는 데 앞장섭니다. 해외 문서 선교에 뜻이 있는 분들의 참여를
  기다립니다.
  후원 _ 국민은행 821701-01-597990 도서출판 하영인